OBJETS D'ART

ET

D'AMEUBLEMENT

BEAUX BIJOUX

MEUBLES — SIÈGES

TABLEAUX & DESSINS

CATALOGUE

DES

OBJETS D'ART & D'AMEUBLEMENT

PORCELAINES ET FAIENCES

PENDULES

Bronze, Cuivre, Métal, Objets de vitrine, Dentelles, Armes et divers

BEAUX BIJOUX ORNÉS DE BRILLANTS

MEUBLES & SIÈGES ANCIENS

Commode Louis XV, portant l'estampille de DIRCILE
Secrétaire Louis XVI, par VASSOU

TABLEAUX — GRAVURES

Dessins anciens de différentes Écoles

TAPIS D'AUBUSSON, MORCEAUX DE TAPISSERIE
PANNEAUX DE CUIR, OBJETS VARIES

Dont la Vente aux Enchères publiques aura lieu

HOTEL DROUOT, SALLE N° 9

LE LUNDI 3 AVRIL 1911

à deux heures

COMMISSAIRE-PRISEUR

Me ANDRÉ DESVOUGES, Successeur de M. Maurice Delestre
26, rue de la Grange-Batelière

EXPERTS

Pour les Bijoux :
M. ADOLPHE REINACH
17, rue Drouot

Pour les Objets d'Art :
M. GEORGES GUILLAUMI
13, rue d'Aumale

EXPOSITION PUBLIQUE

Le Dimanche 2 Avril 1911, de 2 heures à 6 heures

CONDITIONS DE LA VENTE

Elle sera faite au comptant.

Les adjudicataires paieront *dix pour cent* en sus des enchères.

L'exposition mettant le public à même de se rendre compte de l'état et de la nature des objets, aucune réclamation ne sera admise une fois l'adjudication prononcée.

Paris. — Imp. de l'Art, Ch. Berger, 41, rue de la Victoire.

DÉSIGNATION

TABLEAUX, DESSINS

BARRIAS

1 — *Sujet allégorique*, d'après André del Sarte.

Petite aquarelle. Signé et datée : *1848*.

BOUCHER (École de)

2 — *Pastorale.*

Deux jeunes bergères sont assises, gardant leur troupeau ; à droite, une statue ; au fond, des ruines dans les arbres.

Toile.

BOUCHER (Genre de)

3 — *Têtes de femmes.*

Deux dessins au fusain rehaussés de blanc.

BOUILLARD (Genre de)

4 — *Portrait de femme, coiffée d'une perruque, les épaules couvertes d'une écharpe.*

Dessin aux trois crayons rehaussé de blanc.

CHARLET

5 — *La Leçon de lecture du petit grenadier.*

Aquarelle. Signée.

HOFFMANN (J.)

6 — *Pont sur une rivière.*

Toile. Signée et datée: *1875.*

HUET (J.-B.)

7 — *Cygnes sauvages attaqués par un chien.*

Dessin rehaussé de lavis et de gouache.

Signé en bas et à droite et daté : *1792.*

ISABEY (Eugène)

8 — *Barques de pêche.*

Aquarelle. Signée à gauche en bas et datée : *1821.*

LAFOSSE (Ch.)

9 — *Eliezer et Rebecca,*

Toile.

LE COMTE DU NOUY

10 — *Tête vieillard.*

Toile. Signée et datée en haut à gauche.

LE PRINCE (Genre de)

11 — *Paysage animé avec cascade et constructions.*

Dessin à la plume et au lavis.

LE SUEUR

12 — *Homme en extase.*

Dessin à la pierre noire rehaussé de blanc.

MOREAU (Attribué à Louis)

13 — *Vue d'un parc.*

Panneau. Cadre-médaillon doré.

PARAVICINI (W.)

14 — *Bords de rivière.*

Aquarelle.

PORTAIL (École de)

15 — *Portrait d'un garde-française.*

Dessin à la sanguine.

RAPHAEL (D'après)

16 — *Nudité.*

Dessin au crayon rehaussé de sanguine.

ROBERT (École de Hubert)

17 — *Ruines de la villa Médicis, à Rome.*

Dessin à la plume et au lavis.

ROBERT (Genre de Hubert)

18 — *Le Colisée.*

Deux petites toiles peintes se faisant pendant.

SWEBACH-DESFONTAINES

19 — *Halte de paysans. — Le Campement.*

Deux aquarelle se faisant pendant.

TOURNY (J.)

20 — *L'Ange à la trompette.*

Toile. Signée à droite en bas et datée : *1849*.

THOMAS (E.)

21 — *Paysage montagneux.*

Petite aquarelle dans un cadre-médaillon en cuivre.

VAN DYCK (Genre de)

22 — *Portrait de l'Infant Ferdinand d'Espagne.*

Cuivre.

VAN DYCK (D'après)

23 — *La Vierge et l'Enfant Jésus.*

Toile.

VERNET (École de JOSEPH)

24 — *Paysage montagneux, avec abreuvoir et figures au premier plan.*

Toile. Cadre sculpté et doré.

VERNET (D'après HORACE)

25 — *Portrait équestre de Napoléon III en grande tenue.*

Toile. Cadre ovale doré.

ÉCOLE FRANÇAISE (XVIIIe siècle)

26 — *Portrait de Jeune Garçon, coiffé d'un tricorne.*

Dessin au fusain rehaussé de blanc.

ÉCOLE FRANÇAISE (XVIIIe siécle)

27 — *Projet de décoration à sujets de paysages, chapitaux et amours.*

Dessin à la plume rehaussé d'aquarelle.

ÉCOLE FRANÇAISE (Commencement du XIXe siècle)

28 — *Portrait en buste de Napoléon, Premier Consul, portant le bicorne à panache et la tunique brodée d'or.*

Toile. Cadre doré.

ÉCOLE FRANÇAISE (Commencement du XIXe siècle)

29 — *Motifs de décoration présentant une amphore, un siège à X et divers ustensiles.*

Dessin rehaussé de lavis.

ÉCOLE FRANCAISE

30 — *Le Christ et la Vierge.*

Dessin au fusain.

(*Collection Gelozzi.*)

ÉCOLE FRANÇAISE

31 — *Motif de décoration à médaillon enrubanné et attributs de la musique.*

Dessin aquarellé.

ÉCOLE FRANÇAISE

32 — *Portrait de Jeune Fille, la tête couverte d'un châle.*

Pastel. Cadre ovale mouluré.

ÉCOLE FRANÇAISE

33 — *Portrail de Femme en mantille noire.*

Toile.

ÉCOLE FRANÇAISE

34 — *Le Marché.*

Dessin à la plume et au lavis.

ÉCOLE HOLLANDAISE

35 — *Les Buveurs.*

Panneau.

ÉCOLE ITALIENNE

36 — *Vue du Fort Saint-Ange.*

Dessin à la plume rehaussé d'aquarelle.

ÉCOLE ITALIENNE

37 — *Tête de Femme.*

Petit dessin à la sanguine, rehaussé de noir.

ÉCOLE ITALIENNE

38 — *Tête d'Enfant.*

Dessin aux trois crayons.

ÉCOLE PRIMITIVE

39 — *La Vierge au rameau.*

Panneau.

ÉCOLE DE 1830

40 — *Vue du vieux Paris; quartier Mouffetard.*

Aquarelle.

41 — Lot de dessins de différentes écoles. (Sera divisé.)

GRAVURES

42 — *Clopatra and Meleagar. — Cornelia Mother of the Gracchi.*

Deux épreuves en couleurs d'après ANGELICA KAUFMANN, par BARTOLOZZI.

43 — *Terpsichore. Euterpe.*

Deux épreuves en couleurs, dont une avant la lettre, d'après BOIZOT par RIDÉ.

44 — *Télémaque et Eucharis.*

Épreuve en couleurs, d'après FRAGONARD, par FARCY.

45 — *Roméo et Juliette. — Hamlet and his Mother.*

Deux épreuves en bistre, d'après HAMILTON, par LE GRAND.

46 — *Vénus et les Amours.*

Épreuve en couleurs, d'après SCHALL, par LE GRAND.

47 — *L'Amant favorisé.*

Épreuve en noir, d'après BOILLY, par CHAPONNIER

48 — *Child of Sorrow.*

Épreuve en noir, d'après PAYE, par GREEN.

49 — *Le Manège en hiver.*

Épreuve en noir, d'après JAZET.

50 — *La Cruche cassée.*

Épreuve en noir, d'après GREUZE, par MASSARD. (Retirage.)

51 — *Vue d'optique.*

Cadre en bois sculpté.

52-53 — Lot de vignettes et portraits : Crébillon, Coysevox, Mlle de Lamballe, etc. (Environ 80 pièces. Sera divisé.)

54 — Deux gravures en noir et une lithographie rehaussée.

PORCELAINES & FAIENCES

55 — Sucrier couvert en ancienne porcelaine de Chine, à fleurs et lambrequins. Époque Kien-lung.

56 — Paire de vases-girandoles en ancienne porcelaine de Chine, à décors rouges sur fond vert. Monture en bronze ciselé et doré.

57 — Bouteille couverte, à double panse, en ancienne porcelaine de Chine, décorée de feuillage en bleu.

58 — Paire de vases en porcelaine de Chine, à réserve de fleurs sur fond quadrillé rouge.

59 — Statuette de femme en porcelaine de Chine.

60 — Deux vases couverts en ancienne porcelaine du Japon, à décor bleu.

61 — Petite potiche en ancienne porcelaine du Japon polychrome.

62 — Petite jardinière rectangulaire en ancienne porcelaine de la Compagnie des Indes, à fleurettes et bandes dorées.

63 — Pot à eau et sa cuvette en porcelaine, décorée d'un chiffre et de faisceaux de drapeaux.

64 — Petit pot couvert en porcelaine de l'Extrême-Orient, à décor de gros pois bleus en relief.

65 — Deux tasses et leurs soucoupes à dorures sur fond rouge. Époque Restauration.

66 — Petit poêlon et coquetier en ancienne porcelaine de Sèvres, à fleurettes.

67 — Petit cache-pot en ancienne porcelaine de Saxe, à fleurettes et anses de branchages.

68 — Paire de pots de pharmacie en ancienne faïence italienne, à décor de mascarons, guirlandes et inscriptions.

69 — Bouteille et pichet de pharmacie en ancienne faïence italienne, à réserves d'inscriptions.

70 — Plaque circulaire en faïence d'Urbino : Adam et Eve au paradis terrestre.

71 — Porte-huilier en ancienne faïence de Strasbourg, à fleurs.

72 — Petit pichet en ancienne faïence de Rouen.

73 — Porte-huilier en ancienne faïence polychrome de Moustiers, à fleurettes et faisceaux de drapeaux.

74 — Trois cache-pots en ancienne faïence de Nevers, à décors bleus.

75 — Jardinière en faïence de Gien, à lambrequins et cannelures.

76 — Petite assiette en ancienne faïence de Delft, à décor bleu, rayonnant.

77 — Lot de plaques en faïence de Rubelle.

PENDULES

BRONZE, MÉTAL

78 — Grande horloge en marqueterie de cuivre sur écaille, ornée de bronzes ciselés à sujet d'amours et surmontée d'une statuette de Renommée; cadran en cuivre gravé. Époque Louis XIV.

79 — Pendule en marqueterie de cuivre sur écaille, ornée de bronzes ciselés et dorés, et surmontée d'une statuette de Renommée. Époque Louis XIV.

80 — Pendule en ronce de noyer; cadran en bronze ciselé et doré. Époque Louis XIV.

81 — Pendulette en bronze ciselé; cadran encadré de chutes de feuillage et surmonté d'un panier fleuri, posant par une arcade sur socle en marbre blanc à perles. Époque Louis XVI.

82 — Pendulette en marbre et bronze, surmontée d'un vase. Époque Louis XVI.

83 — Petite horloge en cuivre ciselé et gravé; cadran marqué de : *Fiault, à Paris*. Époque Renaissance.

84 — Cartel en bronze ciselé et doré, à mascarons, volutes et rosaces et surmonté d'une mappemonde; cadran marqué de : *Gille l'aîné*. Époque Louis XVI.

85 — Paire de candélabres à cinq lumières en bronze argenté et ciselé. Style Louis XV.

86 — Paire de candélabres, à trois lumières, en bronze argenté et ciselé. Époque Louis XV.

87 — Paire de flambeaux à cannelures et larges bases rondes en bronze ciselé et doré. Époque Louis XIII.

88 — Paire de flambeaux en bronze argenté, à pans coupés, coquilles et moulures. Époque Louis XIV.

89 — Paire de vases-girandoles, à six lumières, en porcelaine bleue de Sèvres; monture en bronze ciselé et doré, à guirlandes et mascarons de faunes.

90 — Paire de vases en ancien bronze de la Chine, à oiseaux et branchages en relief; socles en bois de fer.

91 — Statuette en bronze patiné : la Femme au panier.

92 — Buste d'Ajax en bronze patiné.

93 — Groupe en bronze patiné, d'après Pradier : l'Amour maternel.

94 — Maquette en terre cuite du précédent bronze.

95 — Bas-relief-médaillon, en bronze ciselé : Buste de Beethoven. Signé : *E. Gatteaux.*

96 — Paire de vases en cristal et bronze, ornés de chiens de Fô.

97 — Mortier et son pilon en ancien bronze ; série de poids en ancien bronze.

98 — Ancienne boussole en cuivre gravé. Marquée de *Chapotot, à Paris.*

99 — Huit portraits de personnages de la Révolution ; cuivres des gravures au burin, ayant servi à l'impression.

100 — Ancien coffret en fer forgé, ceinturé de lamettes à clous.

101 — Galerie de cheminée en fer forgé et ajouré, avec pelle et pincettes assorties.

102 — Chocolatière en argent ciselé, à guirlandes, médaillon et rubans ; bec à cannelures et bouton de fruit. Époque Louis XVI.

103 — Cinq pièces de service en argent. Style Louis XV.

104 — Gobelet en argent.

BIJOUX

105 — Très belle paire de boutons d'oreilles, ornés de deux brillants solitaires montés à système.

106 — Paire de boucles d'oreilles, ornées de deux perles grises montées à système.

107 — Broche ronde, formée d'une perle blanche bouton entourée de vingt-quatre brillants sur deux rangs.

108 — Broche macaron, formée d'une perle grise bouton entourée de trente-quatre brillants sur deux rangs.

109 — Bague fil, la monture en platine, le chaton serti d'un beau brillant solitaire.

110 — Six petites épingles en or.

111 — Croix, ornée de fausses perles.

112 — Agrafe de manteau en argent doré.

113 — Pendentif en argent, orné de fausses pierres.

114 — Porte-mine en or.

OBJETS DE VITRINE

DENTELLES, ARMES

DIVERS

115 — Boîte à jetons, renfermant quatre coffrets, en bois laqué et décoré à personnages et arbustes sur fond vert. XVIIIe siècle.

116 — Ancienne boîte à jetons en bois, décoré au couvercle de peintures variées : Marines, paysages et oiseaux.

117 — Petit coffret, décoré au vernis de sujets chinois et renfermant une série de jetons en nacre.

118 — Boîte, de forme circulaire, en écaille brune, décorée au couvercle de bustes et de médaillons dans des rinceaux fleuris. XVIIe siècle.

119 — Petit nécessaire, en forme de glace Psyché, acajou et bronzes. Époque Empire.

120 — Petit nécessaire, formé d'une noix, et renfermant divers ustensiles.

121 — Tabatière et petite boîte en écaille mouchetée.

122 — Ancienne tabatière en buis sculpté, présentant, en haut-relief, un sujet tiré de l'histoire sainte.

123 — Autre tabatière en bois et ivoire en forme de pied humain.

124 — Lot de petites sacoches, boîtes et sujets de vitrine variés, socles en bois de fer, etc.

125 — Eventail à monture d'ivoire dorée; feuille en soie à personnages. Époque Louis XVI.

126 — Petit éventail en écaille blonde et cuivre ajouré. Époque Empire.

127 — Miniature : Portrait de jeune femme lisant ; cadre doré à rubans.

128 — Petit fixé encadré de cuivre : Vue de port, dans la manière de JOSEPH VERNET.

129 — Montre en or ciselé de couleur, ornée de petites roses et présentant en médaillon un parc avec chien et vase décoratif. XVIIIe siècle.

130 — Ancienne châtelaine en cuivre.

131 — Bracelet-reliquaire en argent ciselé.

132 — Médaillon en ivoire sculpté présentant, en bas-relief, les profils de Louis XVI et de sa famille.

133 — Christ en ivoire sculpté.

134 — Cravate et fond de bonnet, point d'Angleterre.

135 — Deux barbes, point d'Angleterre.

136 — Deux autres, point d'Angleterre.

137 — Fond de bonnet, point d'Angleterre.

138 — Deux petites coupes, point d'Angleterre.

139 — Carton en cuir rouge gaufré, à dorures.

140 — Deux pages de missel sous verre, décorées à la gouache de lettres, ornements et scènes diverses. XVIe siècle.

141 — Cadre renfermant un autographe de Louis-Philippe et une ordonnance signée de Marie-Antoinette.

142 — Triptyque, composé d'émaux peints de Limoges ; la plaque centrale ornée d'un Christ en croix et les volets de la Vierge et de saint Jean.

143 — Bénitier et lot de gobelets variés en ancien verre de Venise.

144 — Petit bas-relief en ancien marbre tendre sculpté et partiellement doré, représentant l'Ascension ; cadre mouluré à rosaces et dorures.

145 — Petit modèle d'écran en bois ajouré; feuille en marbre tendre, décorée de personnages chinois.

146 — Statuette de mandarin en ancienne pierre de lard.

147 — Deux flacons à thé en pierre de lard, décorée de sujets chinois.

148 — Brûle-parfums, formée d'une cloche en fonte, surmonté d'un récipient en porcelaine décorée, à couvercle d'argent ciselé. Ancien travail persan.

149 — Petit cabinet oriental en bois laqué, muni d'une porte et de tiroirs et surmonté d'un brûle-parfums à couvercle de bronze.

150 — Cabinet oriental en bois incrusté de nacre, muni de portes et de tiroirs.

151 — Mandoline en bois sculpté et incrusté de nacre.

152 — Christ en bois sculpté.

153 — Paire de pistolets à pierre, munis de deux canons gravés; crosse en bois sculpté et orné de métal. XVIIIe siècle.

154-155 — Lot d'armes anciennes : fusil à pierre, six poignards, un sabre japonais, une épée. (Sera divisé.)

MEUBLES ET SIÈGES

TAPIS, TAPISSERIES, CUIRS

156 — Commode en bois de rose, marquetée de filets en bois de violette et ornée de bronzes ciselés et dorés tels que entrées de serrure, poignées, chutes et sabots; elle est couverte d'un marbre veiné et porte, avec le monogramme J.V.E., l'estampille de *Dircile*. Époque Louis XV.

157 — Petite commode en marqueterie de bois de couleur, munie de trois tiroirs à serrures et poignées en cuivre. Époque Louis XVI.

158 — Bureau bonheur-du-jour en acajou, orné d'une glace, flanqué de colonnes cylindriques et muni de tiroirs à mufles de lion; dessus de marbre noir. Époque Empire.

159 — Curieux petit bureau de dame en bois d'Amboine, bois peint et bronze, muni d'un pupitre et d'une corbeille d'entrejambe. Époque Empire

160 — Secrétaire en bois de rose et de violette, à marqueterie d'encadrements et de rangs de cubes; il est orné de bronzes ciselés et dorés, couvert d'un marbre rose et porte l'estampille de *Vassou*. Epoque Louis XVI.

161 — Secrétaire en bois fruitier, à marqueterie de cubes et de fleurs, cannelures et enroulements de rubans ; il ouvre par un abattant, deux portes et un tiroir et est couvert d'un marbre gris. Époque Louis XVI.

162 — Secrétaire en acajou, flanqué de colonnes engagées à cannelures, muni de quatre tiroirs à poignées de cuivre et d'un abattant, et couvert d'un marbre Sainte-Anne. Époque Louis XVI.

163 — Petite table-tricoteuse en acajou. Époque Louis XVI.

164 — Horloge à gaine en bois sculpté, à moulures coquilles et rosaces, surmontée d'un fronton à feuillages et panache; cadran en cuivre ciselé et acier gravé, marqué de *Sameys, à Bruxelles.* Époque Régence.

165 — Bahut à deux corps en bois sculpté, à cariatides, mascarons et griffes, les panneaux de portes présentant, en haut relief, des allégorics de la Musique et de la Peinture. Époque Renaissance.

166 — Petit paravent à deux feuilles en ancienne soie brochée à fleurs sur fond crème, avec encadrement de galon doré et de damas vert.

167 — Deux escabeaux en bois naturel sculpté.

168 — Tabouret en bois sculpté, couvert en ancien cuir de Cordoue à vases fleuris sur fond bleu. Époque Renaissance.

169 — Tapis d'Aubusson, à décor de bouquets et de bandes crême sur fond rouge et contre-fond vert.

170 — Bandeau en ancienne tapisserie d'Aubusson à fleurs sur fond noir recouvrant un bois de banquette.

171 — Carré d'ancienne tapisserie au petit point, à sujet de femme et d'oiseaux dans un médaillon encadré de ramages sur fond noir.

172 — Trois grands panneaux en cuir de Cordoue.

173 — Objets omis.

www.ingramcontent.com/pod-product-compliance
Ingram Content Group UK Ltd.
Pitfield, Milton Keynes, MK11 3LW, UK
UKHW020531180726
13839UKWH00005B/2445

9 782329 542089